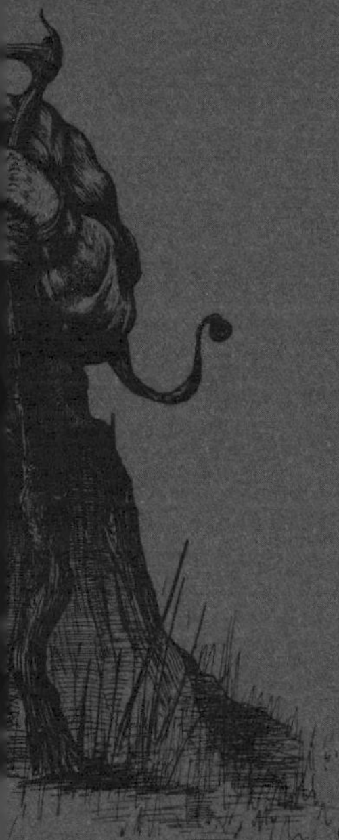

Kleines Handbuch der irischen Elfen

Kleines Handbuch der

irischen Elfen

Bob Curran

Mit Illustrationen von Andrew Whitson

Aus dem Englischen von Hans-Christian Oeser

Eulen Verlag

Erstveröffentlichung 1997 durch
Appletree Press Ltd.
The Old Potato Station
14 Howard Street South
Belfast BT7 1AP
E-mail: reception@appletree.ie
Web Site: www.appletree.ie

Zweite Auflage 2002
Eulen Verlag Harald Gläser
Hebelstr. 11,79104 Freiburg i. Br.
E-mail: info@eulenverlag.de

Gedruckt in Hong Kong / China

ISBN 3-89102-459-2

Inhalt

Einleitung

Elfen, Feen und andere Geister haben im Leben der Iren stets eine wichtige Rolle gespielt. In der irischen Landschaft finden sich die unterschiedlichsten Arten. Früher waren sie so gefürchtet, daß es untersagt war, das Wort 'Elf' auch nur in den Mund zu nehmen, und man behalf sich mit anderen, schmeichelhafteren Bezeichnungen wie 'die Sippschaft' oder 'das gute Völkchen'.

Wer sind die Elfen, und warum sind sie so gefürchtet? Dem Book of Armagh zufolge sind es die alten Götter der Erde, uralte Wesenheiten, die im heidnischen Irland einst weithin verehrt wurden. Sie sind fast ganz dem Vergessen anheimgefallen, doch können sie sich, wenn ihnen der Sinn danach steht, durchaus auch heute noch bemerkbar machen.

Andere Quellen behaupten, es handele sich um gefallene Engel, die sich während der groflen Empörung im Himmel neutral verhielten und ihrer Unentschiedenheit wegen vertrieben wurden. Freilich wurden sie nicht gemeinsam mit Luzifer und seiner Gefolgschaft der Hölle überantwortet, waren sie doch weder gut genug, um erlöst, noch böse genug, um verdammt zu werden. Dieser Auffassung zufolge legte der hl. Michael (der Schutzpatron aller Geister) Fürsprache für sie ein, und es wurden ihnen die düsteren und entlegenen Orte der Erde zur Behausung angewiesen, fernab aller menschlichen Wohnstatt. Einigen wurden die Tiefen der Ozeane zugeteilt, und diese wurden zum Meervolk. Andere wurden in die Ländereien unter der Erde verbannt und entwicklten sich zu Kobolden und Trollen. Dritte bekamen die Luft angewiesen, sie wurden Sheerie (Luftgeister). Wieder anderen wurden die unwirtlichsten und unfruchtbarsten Landstriche übertragen, und aus ihnen wurden Leprechauns und Grogochs.

Eine weitere Theorie jedoch behauptet, daß es sich um die letzten überlebenden eines prähistorischen Volkes, der Tuatha de Danaan, handelt, die aus dem alten Griechenland nach Irland eingewandert waren. Sie brachten Fertigkeiten und Zauberkräfte mit, mit denen sie ihrem Zeitalter weit voraus waren. Zunächst wurden sie wie Götter behandelt, doch mit dem Vordringen des Christentums in Irland zogen sie sich allmählich in Höhlen, einsame Täler und in die Mulden zurück, die die irische Landschaft ausmachen. Nur gelegentlich trauen sie sich daraus hervor.

Elfen können arglistige und launische Geschöpfe sein, leicht gekränkt und schnell verärgert. Oft sind sie tückisch und eifersüchtig auf die Menschheit, die, anders als sie, ein besonderes Verhältnis zu Gott genießt. Aber sie können auch gutherzig und frohgelaunt sein, und viele Berichte bekräftigen die Schönheit ihrer Musik und ihre Vorliebe für Kurzweil und Festlichkeiten.

Das vorliegende Buch versucht, jene Elfen zu identifizieren, denen der Leser am häufigsten begegnen dürfte, ihren Ursprung und ihre Eigenschaften zu beschreiben und, wo nötig, einige Schutzmaßnahmen anzuführen, mit denen man sich vor ihrer Gehässigkeit schützen kann. Natürlich haben wir es nicht mit einem umfassenden Handbuch zu tun, und zwar mit Absicht nicht, steht mir doch eine Warnung vor Augen, die die Königin der Feen dem irischen Dichter Willam Butler Yeats über ein Dubliner Medium zukommen ließ. Als er sie nach den Feen ausfragte, schrieb sie auf ein Stück Papier nur den folgenden Satz: ‘Sieh dich vor, suche nicht zuviel über uns herauszufinden!’

Der Grogoch ist in ganz Nord-Antrim, auf Rathlin Island und in Teilen Donegals bekannt.

Der Grogoch

Varianten:
Grogock
Grigock
Gru-og-ock
Pecht

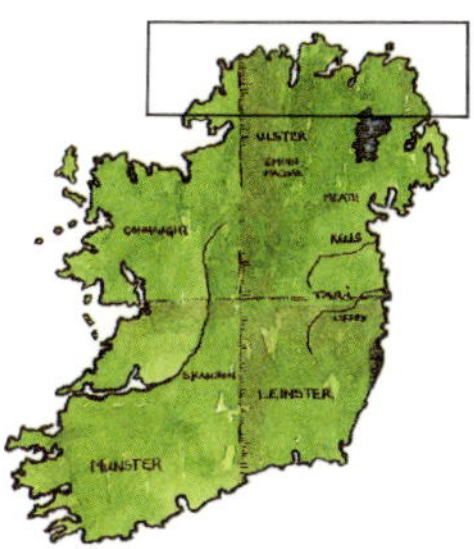

Ein anderer Name ist ‘Pecht’, eine Verballhornung von ‘Picti’ (‘die Bemalten’), ein vorkeltisches Volk, das früher Teile Schottlands bewohnte. Inzwischen wird allgemein akzeptiert, daß die Grogochs, ursprünglich halb Mensch, halb Elf, Ureinwohner aus dem schottischen Kintyre sind, die sich in Irland angesiedelt hatten. Grogochs finden sich auch auf der Isle of Man, wo sie ‘Phynnodderee’ heißen.

Der Grogoch

Robert McCormack, ein bekannter Geschichtenerzähler von Rathlin Island, hat festgestellt:

'Es ist eine Tatsache, daß die Grogochs aus Schottland stammen. Sie wurden von den Kelten verjagt, die sich vor langer Zeit dort niederließen. Sie kamen über eine Landbrücke zwischen Kintyre und Nord-Antrim herüber. Deshalb trifft man so viele von ihnen entlang der Küste und auf den Inseln.'

In der Tat finden sich Gegenstücke zum Grogoch auf allen Inseln im Westen Schottlands, insbesondere auf Cara vor der Küste von Gigha und auf Colonsay, wo diese Elfen 'Brownies' (Wichtelmännchen) heißen.

Seiner Erscheinung nach ähnelt der Grogoch einem ältlichen Mann; es gibt keine Berichte über weibliche Grogochs. Er hat den Körperwuchs eines kleinen Kindes und ist vollkommen nackt, doch ist sein Leib mit rauhem rötlichem Haar oder Fell bedeckt. Dieser Pelz ist dicht und struppig, verfilzt und verfitzt mit Zweigen und Dreck, die der Grogoch auf seinen Wanderungen aufgelesen hat: Grogochs sind nicht eben auf Reinlichkeit bedacht.

Er ist von überaus gutherzigem Wesen, anders als gewisse andere Elfen, mit denen er Ähnlichkeit hat. Unter diesen sind die denkwürdigsten die Laughremen, die sich nur in Süd-Armagh finden und die griesgrämig und ungesellig sind. Die Laughremen wachen über verborgene Goldschätze, und ihre einzige Aufgabe besteht darin, neugierige Fremde zu vertreiben. Der Grogoch dagegen ist herzlich und gutmütig und nicht zu Streichen aufgelegt. Obwohl äußerst emsig, ist er doch arm wie eine Kirchenmaus.

An der Küste von Antrim hat sein ungepflegtes Äußeres Anlaß zu einer Reihe gebräuchlicher Wendungen gegeben. In der Gegend um Waterfoot sagt man zu schmutzigen Kindern, besonders zu solchen mit strubbeligem Haar, daß sie aussehen 'wie ein alter Grogoch', und von einem unordentlichen Haushalt heißt es, er ähnele dem 'Misthaufen eines Grogochs'.

Das Haus des Grogochs spiegelt seine Robustheit wider. Gewöhnlich handelt es sich um eine Höhle, eine Mulde oder einen Spalt in der Landschaft. In vielen Gegenden Nordirlands gibt es 'lehnende Steine' – zwei Menhire, die aneinander lehnen und die Bezeichnung 'Grogoch-Häuser' tragen.

Frank Craig, ein weiterer Bewohner von Rathlin Island, erzählt folgendes: 'Das Grogoch-Haus in der Nähe von Leg-an-thass-nee besteht aus zwei großen Steinen. Wer sich vor langer Zeit dort aufgehalten hätte, der hätte sie abends sehen können, wie sie sich behaglich ausruhen, in der Sonne sitzen und schottische Pfeifen schmauchen. Es ist wirklich wahr, denn ich kenne Leute, die noch am Leben sind und die sie gesehen haben.'

Von allen irischen Elfen ist der Grogoch den Menschen vielleicht am wohlgesinntesten. Manchmal schließt er sich sogar an gewisse Personen an und hilft ihnen beim Pflanzen, bei der Ernte oder im Haushalt. In dieser Hinsicht kann er sogar so hilfreich werden, daß er einem zur Last fällt.

Er hat seinen Aufenthalt vor allem im Freien, und seine Konstitution ist gefeit gegen die Unbilden des Wetters – gegen sengende Hitze ist er ebenso unempfindlich wie gegen eisige Kälte. Er kann lange Zeitspannen ohne Schlaf oder Nahrung überdauern. Arbeitswütig, wie er ist, kann man ihn zu jeder Tages- oder Nachtzeit sehen, wie er auf den Feldern schafft oder seinen Nachbarn zur Hand geht. Allerdings besitzt er wie viele andere Elfen die Fähigkeit zur Tarnung und gestattet es oft nur bestimmten vertrauenswürdigen Menschen, ihm dabei zuzusehen.

Auf der Suche nach kleineren Arbeiten huscht er durch die Küche und gerät dabei der Hausfrau, die ihren Pflichten nachkommt, unweigerlich zwischen die Füße. So trug etwa eine Frau auf Rathlin Island einen Kessel mit kochendem Wasser von der Feuerstelle zum Tisch, als sie über den Grogoch stolperte, der zwischen ihren Beinen umherrannte, und einen Tropfen siedend heißes Wasser über eine empfindliche Stelle seiner Haut vergoß. Er stieß einen Schrei aus, rief: 'O weh! O weh! Mein Nilliken-Nalliken ist verbrüht!' und stürzte aus dem Haus. Danach vermochte ihn nichts mehr ins Haus zu locken, auch wenn er sich auf dem Hof herumtrieb und dem Bauern im Weg stand.

Vor allem aber ist der Grogoch ein unermüdliches Arbeitstier und duldet bei Menschen keine Faulheit. Leute, die am Sonntagmorgen ausschlafen wollen, weckt er, indem er auf ihrem Bett herumtollt und ihnen Maulschellen verpaßt. Ebenso werden Arbeiter, die auf den Heuwiesen Rast machen, vom Grogoch gepufft und geknufft, bis sie ihre Arbeit wiederaufnehmen.

Dieser Kobold arbeitet ohne Entgelt, und wer ihm auch nur das kleinste Geschenk anbietet, der vertreibt ihn auf immer. Er trennt sich unter Tränen, denn er hat ein freundliches Gemüt. Ein Krug Rahm – frisch von der Milch geschöpft – ist der einzige Lohn, den er annimmt. Er leert ihn in einem Zug und wischt sich danach über die Barthaare.

Wie viele andere Kobolde hat der Grogoch große Angst vor dem Klerus und betritt kein Haus, in dem sich ein Priester oder Pfarrer befindet. Wenn ein Grogoch zum Quälgeist wird, ist es ratsam, sich einen Geistlichen ins Haus zu holen und das Geschöpf auszutreiben, auf daß es – natürlich ungewollt – einen anderen heimsuche.

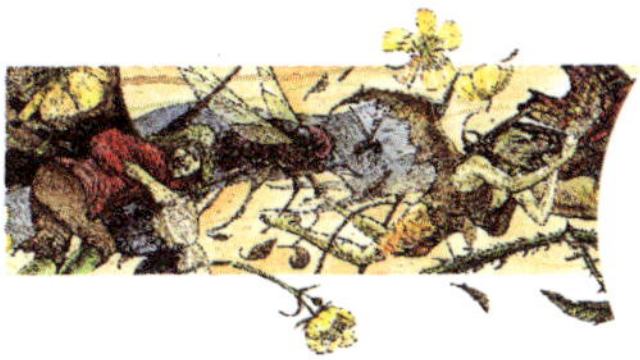

Kein anderes Wesen in der Welt der irischen Geister ist geheimnis- oder unheilvoller als der Graue Mann.

Der Graue Mann

Varianten:
Far liath
An fir lea
Brolaghan
Old Boneless

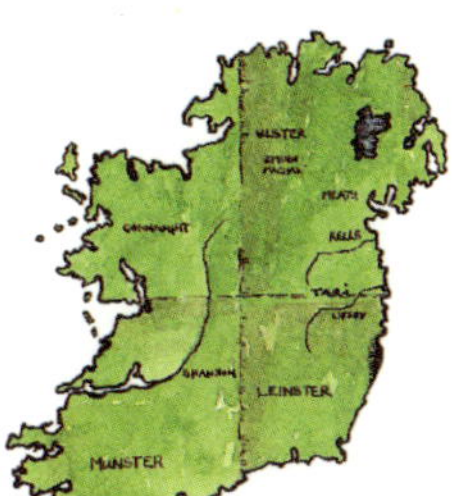

Die Ursprünge des Grauen Mannes sind ungewiß, doch ist er unter einer Vielzahl von Namen bekannt. In den westlicheren Gegenden Irlands, in Galway, Sligo und Kerry, kennt man ihn unter dem anglisierten Namen Old Boneless.

Der Graue Mann

Dieser Geist zeigt sich oft als dichter, klammer Nebel, der Land und Meer mit einem feuchten Schleier überzieht. Und wiewohl er vor allem Küstenstriche bewohnt, findet man ihn auch auf Anhöhen und in tiefen morastigen Mulden.

In Nord-Antrim wird er auch Brolaghan genannt (nach dem irischen Wort für ein form- und gestaltloses Ding). Indes ist diese Bezeichnung nicht ganz stichhaltig, denn die Brolaghans sind ihrerseits ein ganz bestimmter Typ von Elf ohne besondere Verwandtschaft mit Dunst oder Nebel. Vermutlich ist der Graue Mann die Geistergestalt eines alten keltischen Wetter- oder Sturmgottes namens An fir lea, der um 1500 v. Chr. von Küstenstämmen verehrt wurde.

Dieser Geist ist so geheimnisumwittert, daß es mehrere einander widersprechende Beschreibungen von ihm gibt. In Waterford und Wexford hält man ihn für wenig mehr als einen diesigen, zerfließenden Schatten, der der Sonne entgegenwandert und dabei eine Schleppe aus Nebeldunst hinter sich herzieht. In Kerry und Clare ist er ein mannsgroßes Wesen, eingehüllt in einen grauen Umhang aus Nebelschwaden, die er unaufhörlich umherwirbelt. In Antrim und Down ist er ein dunstiger Riese, der, wie ein Mönch in Kutte und Kapuze, verschleiert ist und den man auf hoher See oder über fernen Bergen erblicken kann.

Der Graue Mann

Als Nebelgeschöpf lebt der Graue Mann von dem Rauch, der aus den Schornsteinen der Häuser aufsteigt. Aus diesem Grunde ist er einer der wenigen Geister, die sich bis in die großen Städte vorwagen, wo er ebenso lästig werden kann wie auf dem Lande oder unter den verstreuten Gemeinden entlang der Meeresküste. Man weiß es, wenn er umgeht, denn sein Umhang, in dem sich ein Geruch nach verbranntem Holz und Torf verfängt, riecht unangenehm muffig, und er hinterläßt eine feuchtkalte Luft.

Der Graue Mann freut sich an dem Verlust von Menschenleben und kann seinen dunstigen Umhang todbringend verwenden. So verdeckt er zum Beispiel vor der Küste Felsenriffe, so daß die vorbeikommenden Schiffe auf sie auffahren, oder hüllt eine Straße in Nebel ein, bis ein Wanderer sich verläuft oder über eine gefährliche Klippe in sein Verderben stürzt.

Doch auch wer zu Hause bleibt, ist vor den Machenschaften des Grauen Mannes nicht sicher. Seine Berührung läßt unabgedeckte Milch sauer werden, vernichtet die für den Winter gespeicherten Kartoffeln mit Brand und macht die aufgeschichteten Torfsoden feucht, so daß sie nicht mehr brennen, wenn man sie anzünden will.

In einigen Gegenden Irlands, darunter Limerick und Cork, glauben die Menschen, daß der Far Liath Epidemien und Krankheiten verbreitet, die er angeblich in den Falten seines Umhangs mitführt. Ihm werden Erkältungen, Halsweh und Grippe nachgesagt.

Die Gabe der Sprache fehlt diesem Geist, und er achtet der flehenden Bitten verirrter Seeleute und Wanderer nicht. Der Spruch ‘Gott segne dich!’ scheint jedoch einige Macht über ihn auszuüben und mag ihn wenigstens auf gewisse Zeit zu vertreiben. Ein Kruzifix oder ein geweihtes Medaillon, namentlich ein von einem Bischof geweihtes, zeitigt eine ähnliche Wirkung, doch sollte man darüber nicht vergessen, daß solche Amulette ihn nicht sehr lange in Schach halten. Später kehrt er zurück, bösartiger denn zuvor. Vor langer Zeit hielt das die Seefahrer nicht davon ab, in den Bug ihres Schiffes Medaillons einzulassen, noch die Bauern davon, zwischen ihren Torfstapeln Kruzifixe zu hinterlegen, um dem Bösen zu wehren. In bestimmten ländlichen Gegenden waren dies bis vor kurzem gebräuchliche Praktiken.

‘Bis zum Einbruch der dunklen Nächte hatte ich alle Kartoffeln gelesen’, berichtet Johnny Aherne, ein Landwirt aus der Grafschaft Limerick. ‘Ich glaubte, in einem Schuppen hinter dem Haus wären sie sicher genug verwahrt. Mein Vater hatte mich vor dem Far Liath gewarnt, aber um die Wahrheit zu sagen, hörte ich nicht auf ihn. So schüttete ich die Kartoffeln in den Schuppen, gab mir aber keine Mühe mit irgendwelchen Zauberschutzmitteln. Es heißt, Medaillons oder versprengtes Weihwasser halten den Far Liath fern, aber für dergleichen hatte ich keine Zeit. Als ich am nächsten Morgen in den Schuppen ging und mir die Kartoffeln ansah, waren sie bis auf die letzte verfault und unverzehrbar. Der Far Liath hatte sie berührt und nicht eine einzige Kartoffel verschont. Sie können's mir glauben, seitdem schenke ich den alten Bräuchen größte Beachtung.’

In der Tat wird der Far Liath in gewissen Gegenden so gefürchtet, daß man eigens Wege für ihn anlegt, damit er von Ort zu Ort reisen kann, ohne die Menschen zu behelligen. Am Fair Head in Nord-Antrim gibt es eine Felsenbrücke, die bei den Ortsansässigen Grey Man's Path heißt und vom Far Liath regelmäßig begangen wird. Allein ihn auf seinen Wanderungen sehen heißt ein Unglück heraufbeschwören.

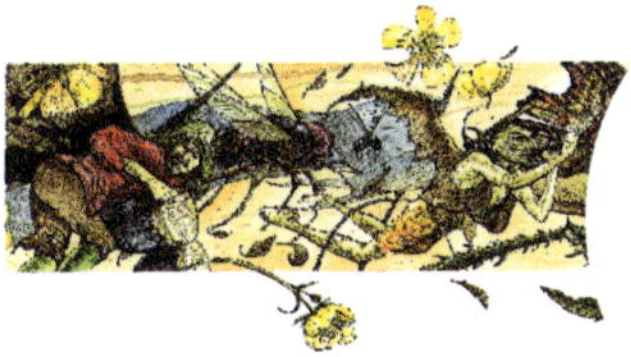

Land-Sheerie finden sich in ganz Irland, von Cork bis Donegal.

Die Sheerie

Varianten:
Tein sidhe
Tein sionnic
Seán na gealaige
Liam na Lasoige

In einigen Grafschaften hält man sie für unfehlbare Vorboten böser Omen, ihre bloße Gegenwart verkündet jedem, der sie sieht, Unglück oder gar den Tod. Sie vergnügen sich damit, Menschen, die sich nach Einbruch der Dunkelheit aus dem Haus wagen, mit Hexerei vom rechten Weg abzubringen, so daß sie ziellos in der Landschaft umherirren, bis die Sheerie belieben, den Zauberbann zu lösen.

Die Sheerie

In einem Bericht aus der Grafschaft Limerick wird die folgende Begegnung mit den Sheerie geschildert:

'In der Nähe der Mile Bridge stand ein großer Menhir, an dem ich jeden Abend auf dem Heimweg vorübergehen mußte. Diesmal war er hell erleuchtet, rings umher fuhren tanzende Lichter auf und nieder. Ich wußte, daß es Sheerie waren, und hatte große Angst, doch durch einen glücklichen Zufall hatte ich einen alten eisernen Hufnagel bei mir. Ich hielt ihn hoch, und sie ließen mich vorbei, ohne mich in die Irre zu führen oder mir den Verstand zu rauben. Aber ich bin nie wieder diesen Weg gegangen.'

Die Sheerie (die Wortform bezeichnet sowohl den Singular als auch den Plural) ist eine der ungewöhnlichsten und potentiell die gefährlichste unter den irischen Elfen. Sheerie sind seltsame phosphoreszierende Geschöpfe, die Elemente menschlicher und elfischer Natur miteinander verbinden. Den meisten Berichten zufolge sind sie wenig mehr als schwebende Lichterscheinungen, die man in der Dämmerung beobachten kann und die sich von Deckung zu Deckung bewegen.

Sie sollen die Seelen ungetaufter (wahrscheinlich bei der Geburt verstorbener) Kinder sein, die versuchen, in die Welt der Sterblichen zurückzugelangen. Nun sind sie allerdings mit düsterem Elfenzauber erfüllt und den Menschen feindlich gesinnt. In der Tat hat es den Anschein, als bestehe ihr einziger Daseinszweck darin, den Lebenden, auf die sie überaus eifersüchtig sind, Unglück zu bringen und sich an jeder Katastrophe zu freuen, die der Menschheit widerfährt.

Die Sheerie werden in zwei Kategorien unterteilt: die Wasser-Sheerie, die Sumpf- und Küstengegenden bevölkern, und die Land-Sheerie, die in der Nähe herrenloser und verfallener Gebäude, etwa Bauernhöfe oder Mühlen, lauern.

Die Land-Sheerie finden sich auch an Orten, die mit heidnischen Traditionen in Verbindung gebracht werden – Ringforts, Erdwälle und Grabhügel -, und sind während der großen vorchristlichen Feste Bealtaine (30. April) oder Samhain (31. Oktober) meist am aktivsten. Keine dieser Sheerie-Arten ist mit Sprache begabt, obwohl sie schrille, spitze Schreie ausstoßen können, die dem Geräusch des Blutes ähneln, das im Ohr rauscht. Ein Mensch, der diesen fortgesetzt hört, kann darüber den Verstand verlieren.

In Berichten über beide Unterarten von Sheerie werden sie als winzige, elfengroße Wesen mit den Gesichtern kleiner Kinder beschrieben. Eine Bericht aus der Grafschaft Mayo schildert, wie sie sich über den Gewässern eines tückischen Moors versammeln:

'Es waren winzige Dingerchen, etwa so groß wie ein ausgewachsener Hase oder ein einen Tag alter Säugling. Um sie herum war ein Lichtschimmer, aber eigentlich kein helles Licht, eher der dumpfe Schein, der von toten Dingen ausgeht. Wir nennen es Leichenlicht. Und einige waren darunter, die schienen winzige Laternen zu tragen, und andere hielten Zweige in die Höhe, die an einem Ende zu glühen schienen. Und die Luft war von ihren Schreien erfüllt – winzigen scharfen Lauten wie Ohrensausen. Ich könnte sie nicht beschreiben, aber man würden sie mit keinem anderen Laut verwechseln außer vielleicht mit dem Meckern einer Schnepfe im Röhricht. Sie hüpften und hopsten über dem Moor umher, und zwar an den gefährlichsten Stellen.'

Einige Leute tun die Sheerie als brennendes Sumpfgas ab, doch dieser Erklärung ist entgegenzuhalten, daß Gas sich nicht von allein entzündet und nicht aus eigenem Antrieb herumschwirrt. Ein altes Gebet aus Connemara besagt: 'Vor Gespenstern, Geistern und den Sheerie, o Herr, schütze uns.'

Die Wasser-Sheerie haben sich einen besonders schlechten Ruf zugezogen, heißt es doch, daß sie Wanderer in sumpfigem oder gefährlichem Gelände in den Tod oder ins Verderben locken, indem sie die Illusion eines hell erleuchteten gastlichen Wohnhauses in der Ferne heraufbeschwören. In Wahrheit schwebt das Irrlicht über einem dunklen Moorloch, in das der arme Wanderer hineinstürzt, um darin zu ertrinken. Wasser-Sheerie heißen auch 'Leichenkerzen', weil derjenige, der ihnen folgt, schon bald zum Leichnam werden mag.

Land-Sheerie finden sich in ganz Irland, von Cork bis Donegal. In einigen Grafschaften hält man sie für unfehlbare Vorboten böser Omen, ihre bloße Gegenwart verkündet jedem, der sie sieht, Unglück oder gar den Tod. Sie vernügen sich damit, Menschen, die sich nach Einbruch der Dunkelheit aus dem Haus wagen, mit Hexerei vom rechten Weg abzubringen, so daß sie ziellos in der Landschaft umherirren, bis die Sheerie belieben, den Zauberbann zu lösen.

Sowohl Wasser- wie Land-Sheerie besitzen außerdem die Macht, jeden Menschen, der ihnen begegnet, vorübergehend in den Wahnsinn zu treiben. Der Reisende, der sich, allein auf gefährlichem Grund und umgeben von huschenden, blendenden Irrlichtern, womöglich verlaufen hat, wird zunehmend verwirrt und hysterisch, rennt ohne Vernunft hin und her und gibt sinnlose Redensarten von sich. Das bereitet den Sheerie ganz besondere Freude.

In einigen Gegenden von Clare und Galway erscheinen sowohl Land- wie Wasser-Sheerie nicht als lichte Wesen, sondern als düstere Kobolde. Vielleicht tritt ein kleiner Mann mit langem, grauem Bart, angetan mit einem schwarzen Frack, als Fackel einen unaufhörlich brennenden Strohwisch in der Hand. auf den Wanderer zu, lockt ihn, als wolle er ihm den Weg zu einem freundlichen Gasthof weisen, oder tut so, als wisse er einen Ort, an dem Geld versteckt sei. Doch wer ihm folgt, wird unweigerlich in Gefahr gebracht. Es gibt eine Möglichkeit, Sheerie abzuwehren: indem man ihnen mit einem Kruzifix oder einem Eisengerät gegenübertritt. Eine andere Methode besteht darin, den Mantel umzuwenden und recht laut das Vaterunser herzusagen. Auch mit Weihwasser lassen sie sich vertreiben, aber nur für kurze Zeit.

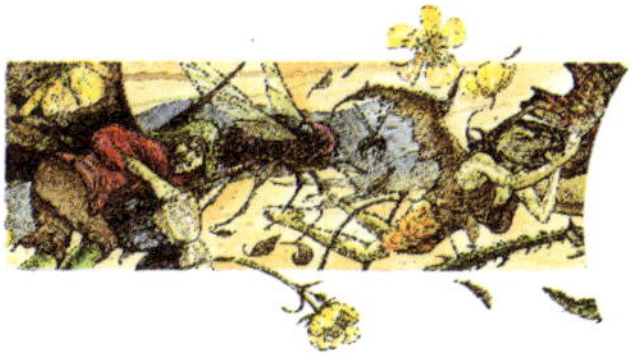

4

Anscheinend ist die Geburt eines Kindes für Elfen in ganz Irland eine schwierige Angelegenheit. Viele Elfenkinder sterben vor der Geburt, und die, die überleben, sind oft verkrüppelte oder mißgestaltete Geschöpfe.

Wechselbälge

Varianten:
Stocks

Die erwachsenen Elfen, ästhetisch empfindsame Wesen, fühlen sich von diesen Neugeborenen abgestoßen und haben nicht den Wunsch, sie zu behalten. Sie versuchen, sie mit gesunden Säuglingen zu vertauschen, die sie aus der Welt der Sterblichen entwenden. Das verrunzelte, übellaunige Geschöpf, das sie an Stelle des Menschenkindes unterschieben, ist gemeinhin unter dem Namen Wechselbalg oder Wechseling bekannt und besitzt die Macht, in einem Haushalt Böses zu bewirken. Jedes ungetaufte oder allzusehr bewunderte Kind läuft besonders große Gefahr, ausgewechselt zu werden.

Wechselbälge

Was jedoch den Wechselbalg am meisten auszeichnet, ist sein Temperament. Kleinkinder sind im allgemeinen vergnügt und frohgestimmt, doch der elfische Ersatz ist nie zufrieden, außer wenn im Haushalt ein Unglück geschieht. Meist plärrt und kreischt er von früh bis spät, und oft geht sein häufiges Gebrüll über das hinaus, was Menschenohren ertragen können.

Ein Wechselbalg kann drei Kategorien angehören: die eigentlichen Elfenkinder, Elfengreise, die als Kinder verkleidet sind, sowie unbelebte Gegenstände wie Holzstücke, die durch Zauberkraft das Aussehen eines Kindes annehmen. Letztere werden Stock genannt.

Allgemein sind die Attribute eines Wechselbalgs runzelige und verhutzelte Gesichtszüge in Verbindung mit einer gelben, pergamentenen Haut. Außerdem besitzt dieses Wesen sehr dunkle Augen, die von einer Weisheit zeugen, die älter ist als seine (vermeintlichen) Jahre. Wechselbälge haben auch noch andere Eigenschaften, meist körperliche Mißbildungen, unter denen ein Buckel oder eine lahme Hand am häufigsten sind. Ungefähr zwei Wochen nach ihrem Eintreffen in dem menschlichen Haushalt weisen sie ein volles Gebiß auf, Beine dünn wie Hühnerknochen und Hände, die wie Vogelkrallen gebogen und gekrümmt sowie mit hellem, feinem Flaum überzogen sind.

Wechselbälge

Einer Familie, in der es einen Wechselbalg gibt, wird kein Glück zuteil, da das Geschöpf alles Glück, das dem Haushalt normalerweise zukommt, abzieht. Die mit ihm gestraft sind, sind meistens sehr arm und mühen sich verzweifelt ab, das gefräßige Ungeheuer in ihrer Mitte durchzufüttern.

Ein positives Merkmal, das dieser Elf oft zur Schau stellt, ist seine musikalische Begabung. Wenn der Wechselbalg größer wird, fängt er an, ein Instrument zu lernen, häufig die Fiedel oder den Dudelsack, und spielt mit einer solchen Fingerfertigkeit, daß alle, die ihn hören, wie verzaubert sind. Der folgende Bericht stammt aus der Nähe von Boho in der Grafschaft Fermanagh:

'Einmal sah ich einen Wechselbalg. Er lebte zusammen mit zwei alten Brüdern hinter dem Dog's Well und sah aus wie ein kleines, verschrumpeltes Äffchen. Er war etwa zehn oder elf, konnte aber noch nicht richtig laufen, sondern hüpfte nur umher. Aber die Flöte spielte er so gut wie nur irgendeiner. Er spielte nur alte Weisen, die die Leute längst vergessen hatten. Eines Tages war er verschwunden, und ich weiß nicht, was aus ihm geworden ist.'

Da Vorbeugen besser ist als Heilen, plaziere man zur Abwehr eines Wechselbalgs oder Kielkropfs um die Kinderwiege eine Reihe von Zauberschutzmitteln. Ein über die Wiege gelegtes geweihtes Kruzifix oder eine eiserne Feuerzange reicht gewöhnlich aus, da die Elfen diese fürchten. Ein väterliches Kleidungsstück, das über dem schlafenden Kind ausgebreitet wird, tut die nämliche Wirkung.

Wechselbälge

Wechselbälge haben einen gewaltigen Appetit und verdrücken alles, was ihnen vorgesetzt wird. Der Wechseling hat Zähne und Klauen und nimmt nicht wie ein menschlicher Säugling die Brust, sondern verzehrt Nahrungsmittel aus der Speisekammer. Wenn er seine Mahlzeit aufgegessen hat, verlangt er nach mehr. Es ist bekannt, daß, wenn Wechselbälge den Speiseschrank leer gegessen haben, ihr Hunger immer noch nicht gestillt war. Doch soviel er auch verschlingen mag, der Wechselbalg bleibt so mager wie eh und je.

Wechselbälge überleben in der Welt der Sterblichen nicht lange. Gewöhnlich schrumpeln sie zusammen und sterben in den ersten zwei oder drei Jahren ihrer menschlichen Existenz. Der Wechselbalg wird betrauert und beerdigt, doch wenn man sein Grab öffnet, findet man anstelle der Kinderleiche lediglich einen geschwärzten Zweig oder ein Stück Torfeiche. Einige leben länger, doch fast nie werden sie älter als zwölf.

Es gibt auch erwachsene Wechselbälge. Diese elfischen Doppelgänger ähneln der geraubten Person bis aufs Haar, haben jedoch eine sauertöpfische Veranlagung. Der Doppelgänger ist kalt und abweisend und hat weder an Freunden noch Verwandten Interesse. Darüber hinaus ist er streitsüchtig und zänkisch. Wie schon beim Kind ist eine ausgeprägte Veränderung der Persönlichkeit ein deutlicher Hinweis auf einen erwachsenen Wechselbalg.

Wechselbälge lassen sich aus dem Haus jagen. Gelingt dies, so kehrt das Menschenkind bzw. der Erwachsene stets unversehrt zurück.

Die harmloseste Methode der Vertreibung besteht darin, den Elf dazu zu bewegen, sein wahres Alter preiszugeben, eine weitere Methode darin, dem mutmaßlichen Wechselbalg einen aus Fingerhut gebrauten Tee einzuflößen, der seine menschlichen Eingeweide verbrennt. Dies zwingt ihn, ins Elfenreich zurückzufliehen. Hitze und Feuer sind dem Wechselbalg ein Greuel, und er sucht schleunigst das Weite.

5

In Irland wird kein Elf mehr gefürchtet als der Puck.

Der Puck

Varianten:
Pooka
Phouka
Puca

Vielleicht liegt das daran, daß er stets nach Einbruch der Dunkelheit auf den Beinen ist, Leid zufügt, Schaden anrichtet und die unterschiedlichsten Erscheinungsformen annimmt.

Der Puck

Am häufigsten jedoch erscheint er in Gestalt eines schwarz glänzenden Pferdes mit schwefelgelben Augen und einer langen, wilden Mähne. In dieser Aufmachung streift er des Nachts in weiten Landstrichen umher, reißt Zäune und Gatter ein, scheucht das erschrockene Vieh auf, zertrampelt Getreide und fügt entlegenen Bauernhöfen Schaden zu.

In abgelegenen Gegenden der Grafschaft Down wird der Puck ein kleiner, mißgebildeter Kobold, der, wenn die Ernte eingebracht ist, seinen Anteil am Getreide einfordert. Aus diesem Grunde lassen die Schnitter mehrere Schwaden, 'Pucks Anteil' genannt, zurück. In Teilen der Grafschaft Laois wird aus dem Puck ein großes, behaartes Schreckgespenst, das nächtliche Wanderer das Fürchten lehrt. In Waterford und Wexford zeigt er sich als Adler mit ungeheuren Schwingen und in Roscommon als schwarzer Ziegenbock mit gedrehten Hörnern.

Sein bloßer Anblick hindert die Hennen, Eier zu legen, und die Kühe, Milch zu geben, und er ist die Geißel aller nächtlichen Reisenden, weiß man doch, daß er sie sich auf den Rücken lädt und sie dann in schlammige Gräben oder Moorlöcher schleudert. Der Puck hat die Gabe menschlicher Sprache, und bekanntermaßen bleibt er vor bestimmten Häusern stehen und ruft die Namen derjenigen, die er auf seinem Mitternachtsritt mitnehmen möchte. Weigert sich der Betreffende, so verwüstet der Puck sein Eigentum, denn er ist ein äußerst rachsüchtiger Elf.

Der Puck

Die Ursprünge des Puck liegen im Dunkeln. Der Name kommt vom skandinavischen Pook oder Puke mit der Bedeutung 'Naturgeist'. Derartige Wesen waren sehr launisch und mußten ständig besänftigt werden, sonst richteten sie in der Landschaft Verheerungen an, vernichteten die Ernte und rufen beim Vieh Krankheiten hervor. Andererseits könnte der in der gesamten frühkeltischen Welt verbreitete Pferdekult das Motiv beigesteuert haben, das dem alptraumartigen Roß zugrunde liegt.

Andere Autoritäten behaupten, daß der Name sich von dem frühirischen poc ('Ziegenbock' oder 'Knüppelschlag') herleitet. Allerdings leuchtet vielleicht am stärksten die Herkunft aus dem Pferdekult ein, da die Anhänger vieler dieser Kulte sich auf Höhen versammelten und der Puck seine haupsächliche Behausung auf hohen Berggipfeln haben soll. In den Bergen von Wicklow bildet die Liffey einen Wasserfall namens Poula Phouk ('Loch des Puck'), und der Binlaughlin Mountain in der Grafschaft Fermanagh ist auch unter dem Namen 'Gipfel des sprechenden Pferdes' bekannt.

In einigen Landstrichen ist der Puck, vorausgesetzt, man behandelt ihn mit angemessenem Respekt, weniger gefährlich denn geheimnisvoll. Gelegentlich ist er sogar hilfsbereit und läßt, wo nötig, Weissagungen und Warnungen ergehen. So beschrieb etwa der Volkskundler Douglas Hyde ein 'plumpes, glattes, entsetzliches Roß,' das am ersten Novembertag von einem Hügel in Leinster herabkam und die Leute dort mit Menschenstimme ansprach. Es war gewohnt, 'denjenigen, die es befragten, was ihnen bis zum November des folgenden Jahres zustoßen würde, kluge und passende Antworten zu geben. Und die Leute pflegten auf dem Hügel Gaben und Geschenke zu hinterlassen...'

Etwas ähnliches scheint sich im Süden Fermanaghs zugetragen zu haben, wo noch bis in jüngster Zeit der Brauch geübt wurde, sich am 'Blaubeersonntag' an gewissen höhergelegenen Orten zu versammeln und auf ein sprechendes Pferd zu harren.

Nur ein Mann hat es je verstanden, den Puck zuzureiten: Brian Boru, der irische Hochkönig. Indem er ein besonderes Zaumzeug anlegte, das drei Haare vom Schwanz des Puck enthielt, gelang es ihm, das Zauberpferd zu zähmen und auf ihm sitzenzubleiben, bis es sich erschöpft seinem Willen unterwarf. Daraufhin verlangte ihm der König zwei Versprechungen ab: einmal, nie wieder Christen zu quälen oder ihr Eigentum zu beschädigen, zum zweiten, nie wieder einen Iren zu überfallen (alle anderen Nationalitäten waren ausgenommen) bis auf solche, die betrunken sind oder sich mit bösen Absichten herumtreiben. Letztere durfte es mit um so größerer Grausamkeit attackieren. Der Puck stimmte diesen Bedingungen zu. In den Jahren danach scheint er den Handel jedoch vergessen zu haben, und seine Übergriffe gegen Eigentum und nüchterne Heimkehrer dauern bis zum heutigen Tage an.

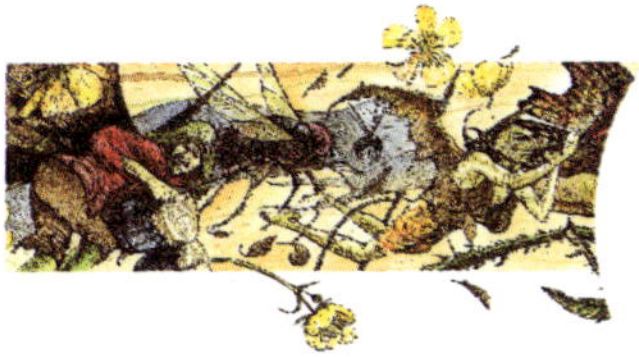

In den meisten Gegenden der Welt haben Meerweiber den Oberleib einer Frau und den Unterleib eines Fisches.

Merrows

Varianten:
Silkies
Seejungfrauen

In Irland dagegen besteht der einzige körperliche Unterschied zwischen Meerweibern und Menschenfrauen darin, daß die Füße der ersteren flacher sind als die einer Sterblichen und daß ihre Hände zwischen den Fingern dünne Schwimmhäute aufweisen.

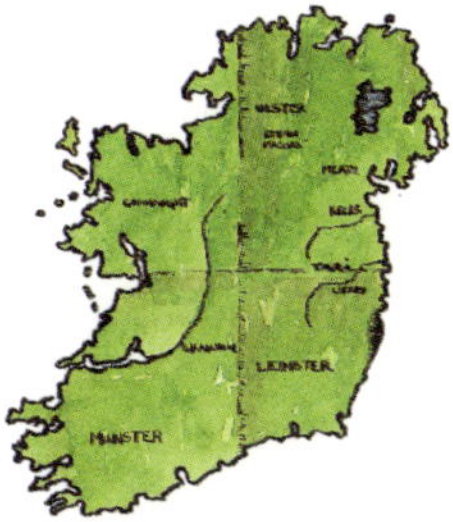

Merrows

Das Wort 'Merrow' oder *moruadh* kommt von irisch *muir* ('Meer', 'See') und oigh ('Mädchen', 'Jungfrau') und bezieht sich nur auf das weibliche Geschlecht der Spezies.

Natürlich haben Merrows eine besondere Neigung zum Wasser, die von Menschen nicht geteilt wird. Die irischen Merrows sind die elfischen Bewohner von *Tìr fo Thóinn* ('Land unter den Wellen'), einem riesigen unterseeischen Kontinent. Freilich haben sie eine amphibische Natur und können auch längere Zeit auf dem Land leben.

Viele Küstenbewohner haben Merrows zu Geliebten gehabt, und eine Anzahl berühmter irischer Familien, vor allem die O'Flahertys und die O'Sullivans aus Kerry und die MacNamaras aus Clare, behaupten, aus solchen Verbindungen hervorgegangen zu sein. Der irische Dichter William Butler Yeats berichtet in seinen *Irish Fairy and Folk Tales:* 'In der Nähe von Bantry soll im vergangenen Jahrhundert eine Frau gelebt haben, wie ein Fisch mit Schuppen bedeckt, die aus einer solchen Ehe entsprungen ist.'

Merrows haben besondere Kleidung, die sie befähigt, sich von den Meeresströmungen treiben zu lassen. In Kerry, Cork und Wexford tragen sie eine kleine rote Mütze aus Federn, *cohullen druith* genannt.

Das Meervolk ist auch unter dem Namen 'Suire' bekannt, das zur schottischen Variante 'Silkie' verballhornt wurde. Wassermänner – das männliche Gegenstück zum Meerweib – werden nur selten gesichtet, obwohl es sie zweifellos gibt. In den wenigen Beschreibungen, über die wir verfügen, sind sie ausgesprochen häßlich und schuppig, mit Schweinsgesichtern und langen, spitzen Zähnen. Die Merrows selbst sind wahrhaft schön und in ihren Beziehungen mit Sterblichen recht freizügig, was angesichts ihrer unliebenswürdigen Partner nicht verwundert.

In nördlicheren Gewässern jedoch bewegen sie sich in Umhänge aus Seehundsfell eingehüllt durchs Meer und nehmen Aussehen und Eigenschaften von Seehunden an. Um an Land steigen zu können, muß die Meerfrau ihre Mütze und ihren Umhang ablegen. Daher gewinnt jeder Sterbliche, der auf ihre Kleidung stößt, Macht über sie, kann sie doch nicht ins Meer zurück, ohne ihre Sachen wiederzuerlangen.

An der irischen Küste feilschen Angehörige des Meervolks und Sterbliche immer wieder um diese Kleidungsstücke. Es gibt zahllose Beispiele für Fischer, die den Umhang im Strohdach ihres Hauses verstecken und das Meerweib überreden, sie zu heiraten. In jedem Fall findet die Merrow den Umhang wieder, und ihr Drang, ins Meer zurückzukehren, ist so stark, daß sie ihren Menschenmann und ihre Kinder zurückläßt und dorthin zurückgeht.

Man beachte, daß eine verheiratete Meerfrau, obwohl sie eine ausgezeichnete Ehefrau und gute Köchin abgibt, nur selten lacht oder ihrem Mann und ihren Kindern Zuneigung bezeigt. Allerdings sind Bräute aus dem Meer oft äußerst wohlhabend und besitzen Goldschätze, die ihre Mitgeschöpfe aus Schiffswracks geplündert haben. Falls sich ein Mann mit einer Partnerin abfinden kann, die kalt und abweisend ist, ist es daher durchaus möglich, daß er dank der Heirat mit einer Meerfrau für den Rest seines Lebens ausgesorgt hat.

Einige sogenannte Merrows sind gar keine Meergeister, sondern menschlichen Ursprungs. Gewöhnlich handelt es sich um Kinder, die in ein Schiffsunglück verwickelt waren, vom Meervolk verschleppt und in Tìr fo Thóinn aufgezogen wurden. Sie neigen dazu, ihre menschliche Herkunft zu vergessen, und leben glücklich unter den Meergeistern. Sobald sie jedoch Land betreten, kommen ihnen menschliche Erinnerungen, und sie können nicht mehr ins Wasser zurückkehren.

Eines davon war St. Murgen, eine Heilige, die während des 6. Jahrhunderts im Norden Irlands lebte. Ursprünglich ein Mädchen namens Liban, lebte sie mit ihren Eltern an der schottischen Küste. Ihre Eltern ertranken während eines Sturms, sie selbst wurde von den Fluten hinweggeschwemmt. Viele Jahre später (das Jahr wird mit 588 angegeben) wurde sie in Netzen, die im Belfast Lough ausgeworfen waren, gefangen. Bis dahin hatte sie bei den Merrows in den Tiefen des Meeres gelebt. Später änderte sie ihren Namen zu Murgen, nahm den christlichen Glauben an und vollbrachte in Irland zahlreiche Wunderheilungen. Nach ihrem Tode wurde sie in St. Cuthbert's bei Dunluce in Nord-Antrim begraben, wo ein Muschelmotiv auf ihrem Grab an ihre Zeit bei den Meergeistern erinnert.

Man glaube nur nicht, daß die Merrows freundlich und den Menschen wohlgesinnt sind. Als sidhe oder Angehörige der irischen 'Anderwelt' hegen sie eine natürliche Abneigung gegen Menschen. Sie heiraten sie nur deswegen, damit ihre Kinder kraft menschlichen Blutes in ihren Adern eine Chance haben, in den Himmel zu kommen. Daher ist es unklug, nahe am Meeresufer einzuschlafen, ohne ein Schutzmittel wie etwa ein Kruzifix oder ein Medaillon bei sich zu führen, für den Fall, daß das Meervolk versucht, den Schlafenden zu ertränken, indem es ihn in die Tiefe hinabzieht. Wenn man schon an einem Strand schlafen muß, ist es ratsam, in Hörweite einer Kirchenglocke zu schlafen, da das heimtückische Meervolk von dem Geläut vertrieben wird. Keine Merrow betritt eine Kirche, und man darf also getrost annehmen, daß man im Innern vor ihren Nachstellungen sicher ist.

In einigen Teilen Irlands werden die Merrows als Vorboten von Untergang und Tod angesehen, und es gilt als besonderes Unglück, eine zu Gesicht zu bekommen. In Kerry beispielsweise kehren die Fischer wieder in den Hafen zurück, wenn sie eine Meerjungfrau auf einem Felsen sitzen sehen. Es gibt auch Berichte von einer ganz seltsamen Nixe, die auf einer Felseninsel im River Shannon sitzt und sich das lange Haar kämmt. Angeblich stirbt, wer sie anschaut, binnen Jahresfrist. Trotz ihres Wohlstands und ihrer Schönheit sollte man sich vor dieser Wasserjungfrau ganz besonders hüten.

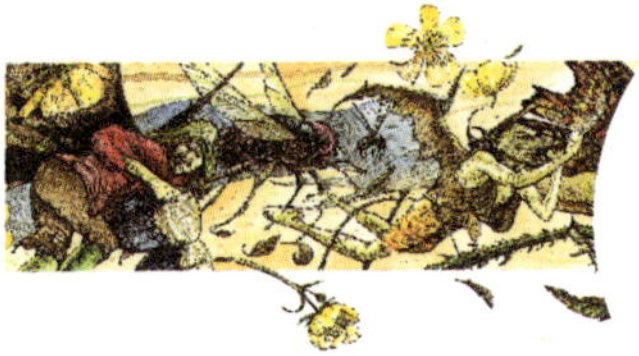

Die Volkskundler streiten sich, ob die Banshee eine Fee, ein Gespenst oder eine Sterbliche ist.

Die Banshee

Varianten:
Bean-nighe
Bean-chaointe

Ihr irischer Name bean-sidhe ('Feenweib') deutet darauf hin, daß sie dem Feenreich angehört; jedoch sehen einige sie als rachgierigen Geist an, der eine Familie, welche ihm ein Leid zugefügt hat, verfolgt und Vergnügen am Tod ihrer Mitglieder findet. Andere beschreiben sie als den Geist einer Ahnin, die Gott dazu berufen hat, Mitglieder bestimmter alteingesessener irischer Familien vor der Stunde ihres Todes zu warnen.

Die Banshee

Eine der bekanntesten übernatürlichen Gestalten Irlands ist die Banshee, jener ruhelose Geist, der irischen Familien von rein keltischem Geblüt folgt und sie mit seinem Klagegesang vor dem Tod warnt.

Im Jahre 1437 näherte sich König Jakob I. von Schottland eine irische 'Seherin' oder Banshee, die ihm seine Ermordung auf Geheiß des Earl of Atholl weissagte. Dies ist ein Beispiel für eine Banshee in Menschengestalt. Es gibt Aufzeichnungen über etliche menschliche Banshees oder Wahrsagerinnen, die in den herrschaftlichen Häusern Irlands und an den Höfen irischer Lokalkönige verkehrten.

Welchen Ursprungs auch immer, die Banshee zeigt sich hauptsächlich in dreierlei Gestalt: als junge Frau, als stattliche Matrone oder als geschminkte alte Vettel. Diese repräsentieren die drei Aspekte der keltischen Göttin des Krieges und des Todes, Badhbh, Macha und Mor-Rioghain. Gewöhnlich trägt sie entweder einen grauen Kapuzenmantel oder aber das Leichentuch oder Totenlaken einer in Sünde Gestorbenen. Gelegentlich erscheint sie auch als Wäscherin, die die blutbefleckten Kleider derer wäscht, deren Tod kurz bevorsteht. In dieser Verkleidung heißt sie *bean-nighe* ('Waschweib').

Darüber hinaus wurde sie verschiedentlich in anderer Gestalt gesichtet: als Nebelkrähe, Hase, Hermelin und Wiesel. In Irland werden alle diese Tiere mit Hexerei in Verbindung gebracht, sie geben der Banshee das Ansehen böser Zauberkunst.

Doch am meisten ist sie dafür bekannt, daß sie mit ihrer Wehklage den Tod ankündigt.

Die Banshee

Obwohl man sie nicht immer sieht, vernimmt man doch ihren Klageruf, meist in der Nacht, in der jemand stirbt. In einigen Gegenden Leinsters nennt man sie bean-chaointe ('Klageweib'). Ihre Klagelaute können so durchdringend klingen, daß dabei Glas zerspringt. In Kerry wird ihre Totenklage als 'leiser, angenehmer Gesang' vernommen, in Tyrone als 'Geräusch zweier Bretter, die gegeneinander geschlagen werden,' und auf Rathlin Island als 'dünner, gellender Schrei, ein Mittelding zwischen der Wimmern einer Frau und dem Kreischen einer Eule.'

Man streitet darüber, ob die Banshee nur die todgeweihten Mitglieder der alten Adelsgeschlechter beweint oder alle Iren, die ihr Leben aushauchen. Der Überlieferung zufolge klagt die Banshee nur bei fünf bedeutenden irischen Familien – den O'Neills, den O'Briens, den O'Connors, den O'Gradys und den Kavanaghs -, da diese die einzige echt gälischen Familien ohne einen Tropfen normannischen Blutes in den Adern seien. Allerdings begannen diese Familien ab dem 12. Jahrhundert Mischehen mit den eintreffenden englischen Siedlern einzugehen und neue Familien und Sippen zu bilden, und die Banshee wandte auch diesen ihre Aufmerksamkeit zu. Anders als bei anderen Feen scheint Wasser kein Hindernis für sie darzustellen, denn sie beweint ihre Schützlinge, wo immer in der Welt sie sich aufhalten mögen. Berichten zufolge hört man den Schrei der Banshee in Kanada wie in Australien, beinahe überall, wo sich irische Ausgewanderte in großer Zahl niedergelassen haben.

Wer versucht, die Banshee zu fangen, steht vor einer schwierigen Aufgabe, da sie sich sehr geschwind fortbewegt. In Clare und Galway soll sie 'flinker dahingleiten, als Menschenfüße gehen können', während sie in Mayo 'wie eine Elster hüpft, und selbst ein Pferd in gestrecktem Galopp sie nicht einzuholen vermag'.

Im Laufe der Zeit sind mehrere Beschreibungen der Banshee aufgezeichnet worden. Meist sieht man sie als ein Gesicht am Fenster oder erhascht aus der Ferne einen Blick auf sie. In einigen Fällen wäscht oder kämmt sie sich die Haare oder bearbeitet Kleider mit dem Klopfholz. Unter keinen Umständen sollte man sich ihr nähern, denn diejenigen, die es tun, befällt großes Unglück, das von Generation zu Generation weitergegeben wird. Die Erlebnisse eines gewissen Thomas Reilly aus Galway, der die Banshee zu fangen versuchte, sollte als Warnung dienen: Er starb Sekunden nach dem Vorfall, und sein Sohn Michael erbte einen Hof, der nie florierte. Michael hatte vier Kinder, die alle schwachsinnig waren. Er selbst hatte Krebs, der sein Gesicht zerfraß und an dem er starb. Andere, die versuchten, der Banshee ihren Kamm oder ihr Klopfholz zu stehlen, erlitten ein ähnliches Schicksal.

Die wohl berühmteste Banshee war Aoibheall, die am 23. April 1014, kurz vor der Schlacht von Clontarf, dem irischen Stammesfürsten Dunlang O'Hartigan erschien. Sie flehte ihn an, an der Schlacht nicht teilzunehmen, und verhieß ihm ein zweihundert Jahre währendes glückliches Leben, wenn er nur einen einzigen Tag zu kämpfen aufhörte. O'Hartigan, der herausragendste Gefolgsmann Brian Borus, weigerte sich mannhaft. Da sagte ihm Aoibheall den Sieg der irischen Truppen voraus, prophezeite aber auch, daß O'Hartigan und sein Sohn Turlough zusammen mit Brian Boru in der Schlacht den Tod finden würden. Die Weissagung traf ein, und als die Sonne hinter dem Schlachtfeld unterging, sah man Aoibheall laut die gefallenen Iren beklagen. Sie wurde die Banshee oder 'Seherin' des Königshauses von Munster, und auf den Höhen über Lough Derg ist sie heute noch zu sehen und zu hören.

8

Obwohl der Leprechaun als Irlands 'Nationalkobold' bezeichnet worden ist, wurde der Name ursprünglich nur im Norden Leinsters verwendet.

Der Leprechaun

Varianten:
Lurachmain
Lurican
Lurgadhan

In Ulster hieß dieser Elf *Lurachmain,* in Connaught *Lurican* und in Munster *Lurgadhan.* Heute ist der in Nord-Leinster gebräuchliche Name in allen Landesteilen verbreitet.

Leprechauns treten in Gestalt winziger greisenhafter Männlein auf, die gewöhnlich die Tätigkeit eines Feenschusters verrichten. Möglicherweise leitet sich der Name Leprechaun von *leith bhrogan,* der irischen Bezeichnung für Schuhmacher, ab, obwohl als Ursprung auch *luacharma'n* (das irische Wort für 'Pygmäe') vorgeschlagen worden ist.

Der Leprechaun

Leprechauns werden als kleine, unreinliche Männlein beschrieben, bekleidet mit grünen Jacken, roten Kniebundhosen, Wollstrümpfen und breitrandigen Hüten, die ihnen schief im Gesicht sitzen. Sie rauchen beständig übelriechende Pfeifen, Dudeens genannt, und neigen dazu, mürrischer und verdrießlicher Stimmung zu sein.

So überrascht es nicht, daß der Leprechaun ein alleinlebendes Geschöpf ist und Wasserläufe bewohnt oder hinter Büschen und Hecken lauert. Sein einziges Lebenszeichen sind die Geräusche, die er bei der Arbeit macht, etwa wenn er auf den Schuh klopft, den er gerade anfertigt.

Häufig befinden sie sich in berauschtem Zustand, hervorgerufen von dem Poteen, den sie selber brennen. Allerdings werden sie nie so betrunken, daß ihre Arbeit beeinträchtigt wird oder die Hand zittert, mit der sie den Hammer führen. Wenn sie zuviel trinken, werden sie eher noch grämlicher und streitsüchtiger.

Weibliche Leprechauns scheint es nicht zu geben, und es wird eifrig darüber spekuliert, wie diese Geisterwesen sich vermehren. Die Leprechauns selbst tun sehr geheimnisvoll, was ihre Herkunft angeht, doch glaubt man, daß sie die Nachkommen von Sterblichen und von Elfen sind, die aus ihrer jeweiligen Welt verstoßen worden sind.

Leprechauns führen zwei Lederbeutel bei sich. In einem befindet sich ein silbernes Geldstück, eine Zaubermünze, die jedesmal, wenn das Männlein mit ihr gezahlt hat, wieder in den Beutel zurückkehrt, so daß der Leprechaun Geld auszugeben scheint, ohne je welches einzubüßen. In der anderen trägt er eine Goldmünze, die er dazu benutzt, sich aus schwierigen Lagen herauszuwinden. Wenn sich der Leprechaun von ihr getrennt hat, verwandelt sich diese Münze meist in Laub oder Asche.

Dem läßt sich entnehmen, daß der Leprechaun zu Streichen aufgelegt ist. Das muß er auch, denn zusätzlich zu seinem Schusterhandwerk ist er der Bankier der Gnomenwelt. Leprechauns wissen, wo sich große alte Geldverstecke befinden und haben sich zu Wächtern dieses Reichtums aufgeschwungen. Andere Elfen müssen sich zum Leprechaun begeben, wenn sie Gold für ihre Festlichkeiten oder Feengeschenke benötigen. Die verdrießliche Laune des Leprechauns würde selbst den hartherzigsten Bankdirektor beschämen. Leprechauns haben einen Großteil der alten Schätze an sich gerissen und in Töpfen vergraben, die die Wikinger zurückließen, als sie in Irland marodierten. Der Leprechaun hat ein phänomenales Gedächtnis, kennt den genauen Standort jedes Topfes und weiß ihn leicht wiederzufinden, wenn er will. Freilich sind die meisten Leprechauns Geizkragen, die sich nur ungern von ihrem Geld trennen.

Leprechauns neigen dazu, den Kontakt mit Menschen zu vermeiden, weil sie sie als närrische, flatterhafte Geschöpfe betrachten und befürchten, sie könnten die Schätze stehlen, über die sie so sorgfältig wachen. Außerdem ist der Leprechaun trotz seines stämmigen, untersetzten Körperbaus unglaublich flink und bewegt sich schneller, als das menschliche Auge hinzuschauen vermag. Die meisten Menschen bekommen ihn nur flüchtig zu sehen, da er sofort hinter einen Baum oder unter einen Busch springt, wo er sich nicht mehr in ihrem Gesichtsfeld befindet. Wenn ein Sterblicher ihn fängt, verspricht er ihm für den Fall seiner Freilassung großen Wohlstand. Allerdings darf man ihn nie aus dem Auge lassen, denn er ist im Handumdrehen verschwunden und verblüfft seinen Aufpasser mit seiner Behendigkeit.

Seine mürrische Laune und seine natürliche Abneigung gegen Menschen hindert den Leprechaun nicht daran, diejenigen zu belohnen, von denen er glaubt, daß sie ihm einen Gefallen getan haben. Er hat einen lebhaften Sinn für Humor und vergilt Gutes stets mit Gutem. Leider stellt sich der Lohn oft in Form starken Alkohols ein, der den Empfänger ausnahmslos stocktrunken macht.

Der Leprechaun

Es hat den Anschein, als gliedere sich die Familie der Leprechauns in zwei deutlich unterschiedene Gruppen. Allerdings ist umstritten, ob der Cluricaun wirklich eine Art Leprechaun oder nur ein entarteter enger Verwandter ist. Gewiß sehen sich beide Kobolde äußerlich ähnlich, doch hat jeder ein ganz eigenes Temperament. Der Leprechaun ist fleißig, aber schlechtgelaunt, der Cluricaun dagegen träge und fröhlich. Während der Leprechaun Grün trägt, putzt sich der Cluricaun gern heraus und protzt mit grellen Farben. Manchmal gleicht er einem heruntergekommenen Landedelmann auf einer Sauftour.

Anders als die Leprechauns führen die Cluricauns niemals Geld bei sich und besitzen auch keine Kenntnisse verborgener Goldschätze; meistens stehlen sie, was sie brauchen, statt es zu erwerben. Wie ihre wohlhabenderen Pendants haben sie eine Vorliebe für starke Getränke und plündern die Weinkeller und Hausbars der Reichen, wo sie sämtliche Fässer und Flaschen leeren. Weil sie einen grenzenlosen Appetit haben, dringen sie nachts auch in die Speisekammern ein und verzehren vor dem Morgengrauen, was sie können. Zu ihrem eigenen Vergnügen richten sie während der Dunkelheit großes Unheil in einem Haus an, werfen Stühle um, zebrechen Geschirr oder verstecken irgendwelche Gegenstände, so daß man sie nie mehr wiederfindet.

Die Cluricauns schirren auch Schafe, Ziegen, Hunde oder gar Geflügel an und reiten bei Nacht darauf übers Land. Sie reißen Zäune und Mauern nieder und jagen das Vieh durch die Gegend, womit sie dem armen Bauern noch mehr Arbeit aufhalsen. Dann lachen sie, neben sich einen Krug gestohlenen Poteen, hinter einer Hecke hervor die närrischen Menschen aus, die versuchen, den angerichteten Schaden zu beheben.

Nach außen hin mißbilligen die Leprechauns solch ein ungehöriges Betragen und distanzieren sich von dem Treiben der Cluricauns. Doch fragt sich manch einer, ob der Cluricaun nicht einfach ein Leprechaun ist, der wüsten Gelagen frönt...

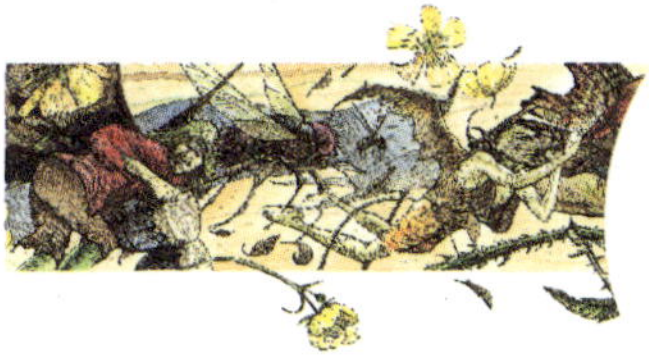

Der Dullahan ist eines der imposantesten Geschöpfe im Reich der irischen Elfen und Geister und betätigt sich vor allem in den entlegeneren Teilen der Grafschaften Sligo und Down.

Der Dullahan

Varianten:
Dullaghan
Far dorocha
Crom Dubh

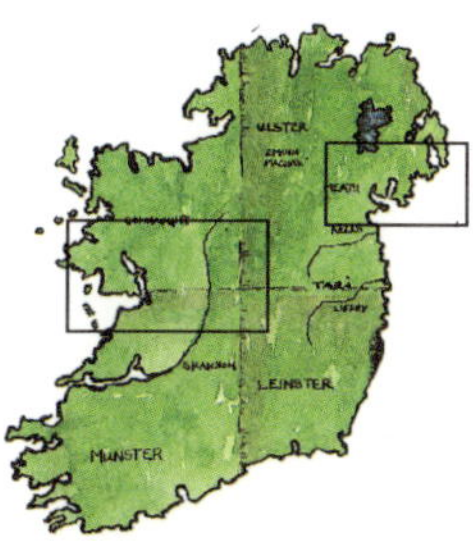

An bestimmten irischen Fest- und Feiertagen kann man um Mitternacht diesem schwarzgewandeten Wilden Reiter begegnen, wie er auf einem schnaubenden Rappen durch die Gegend jagt.

Der Dullahan

W. J. Fitzpatrick, ein Geschichtenerzähler aus den Mourne Mountains in der Grafschaft Down, erzählt:

'Ich habe den Dullahan mit eigenen Augen gesehen. Eines späten Abends, als eben die Sonne unterging, blieb er auf dem Hügel zwischen Bryansford und Moneyscalp stehen. Sein Kopf saß ihm nicht auf den Schultern, sondern er trug ihn in der Hand, und ich hörte ihn einen Namen rufen. Für den Fall, daß es meiner war, hielt ich mir die Ohren zu, damit ich nicht hören mußte, was er rief. Als ich wieder hinsah, war er verschwunden. Doch kurz darauf gab es auf demselben Hügel einen schlimmen Autounfall, bei dem ein junger Mann ums Leben kam. Es war sein Name, den der Dullahan gerufen hatte!'

Dullahans sind Kopflose. Wenn sie auch keinen Kopf auf den Schultern haben, so tragen sie ihn doch bei sich, entweder auf dem Sattel ihres Pferdes oder in der erhobenen rechten Hand. Der Kopf hat die Farbe und Beschaffenheit alten Brotteigs oder schimmeligen Käses und ist ziemlich glatt. Ein gräßliches idotisches Grinsen zieht sich über das ganze Gesicht, und die kleinen, schwarzen Augen huschen umher wie bösartige Schmeißfliegen. Der ganze Kopf glüht wie eine verwesende Substanz, und das Geschöpf benutzt ihn als Laterne, mit der es sich auf den dunklen Wegen durch die irische Landschaft leuchtet. Wo immer der Dullahan hält, stirbt ein Mensch.

Der Dullahan hat ein übernatürliches Sehvermögen. Wenn er seinen abgetrennten Kopf in die Höhe hält, kann er selbst in pechfinsterer Nacht über weite Strecken hinweg sehen. Mit Hilfe dieser Fähigkeit kann er das Haus eines Sterbenden ausspähen, wo immer es sich befindet. Wer aus dem Fenster blickt, um ihn vorüberreiten zu sehen, erhält zum Dank eine Schüssel Blut ins Gesicht geschüttet oder wird auf einem Auge blind.

Der Dullahan

Gewöhnlich reitet der Dullahan auf einem schwarzen Roß, das durch die Nacht galoppiert. Als Reitgerte benutzt er das Rückgrat eines Menschen. Das Pferd sprüht, während es dahinsprengt, Funken und Flammen aus seinen Nüstern. In einigen Landesteilen, etwa in der Grafschaft Tyrone, lenkt der Dullahan eine schwarze Kutsche, genannt 'Coach-a-bower' (von irisch coiste bodhar, 'taube oder stille Kutsche'). Diese wird von sechs Rappen gezogen und braust so schnell dahin, daß die von der Geschwindigkeit hervorgerufene Reibung oft die Büsche entlang der Straße in Brand steckt. Alle Tore, ganz gleich, wie sicher sie verriegelt waren, fliegen auf, um Reiter und Kutsche durchzulassen, so daß vor den Nachstellungen dieses Spukgeists niemand wirklich sicher ist.

Der Dämon hat ein begrenztes Sprachvermögen. Auf jeder Reise, die er unternimmt, darf sein vom Rumpf getrennter Kopf nur einmal sprechen, und auch dann kann er lediglich den Namen dessen rufen, dem er den Tod verkündet. Ein Dullahan läßt sein schnaubendes Pferd vor einer Haustür halten und ruft den Namen des Todgeweihten, und mit diesem Ruf entlockt er ihm seine Seele. Oder er hält dort an, wo ein Mensch zu Tode kommen wird.

An irischen Festtagen ist es ratsam, abends mit zugezogenen Vorhängen daheim bleiben, namentlich Ende August oder Anfang September, wenn früher das Fest des Crom Dubh abgehalten wurde. Falls man sich um diese Zeit außer Haus begeben muß, sollte man darauf achten, daß man irgendeinen goldenen Gegenstand zur Hand hat.

Der Dullahan

Die Ursprünge des Dullahan stehen nicht fest, doch soll er die Verkörperung der alten keltischen Gottheit Crom Dubh oder 'Schwarzer Crom' sein. Crom Dubh wurde von dem prähistorischen König Tighermas angebetet, der vor rund 1500 Jahren in Irland herrschte und Menschenopfer für heidnische Götzen für rechtmäßig erklärte. Als Fruchtbarkeitsgott forderte Crom Dubh Jahr für Jahr Menschenleben, und seine bevorzugte Opfermethode war die Enthauptung. Die Verherrlichung des Crom dauerte in Irland bis zum 6. Jahrhundert, als christliche Missionare aus Schottland eintrafen. Sie verurteilten den Götzendienst, und unter ihrem Einfluß fanden die alten irischen Opferkulte keine Gunst mehr. Trotzdem wurde Crom Dubh seine Jahresquote an Seelen nicht vorenthalten, und er nahm eine Körpergestalt an, die unter dem Namen Dullahan oder Far dorocha ('Schwarzer Mann') bekannt wurde, die greifbare Verkörperung des Todes.

Anderes als die Banshee stellt der Dullahan nicht bestimmten Familien nach, und sein Ruf ist nicht als Todeswarnung gedacht, vielmehr ruft er die Seele eines sterbenden Menschen zu sich. Gegen den Dullahan gibt es keinen wirksamen Schutz, da er der Sendbote des Todes ist. Jedoch kann ihn ein goldenes Schmuckstück schrecken, denn die Dullahans scheinen eine irrationale Furcht vor diesem Edelmetall zu haben. Wie aus dem folgenden Bericht aus der Grafschaft Galway hervorgeht, reicht selbst ein winziges Quentchen Gold aus, ihn zu vertreiben:

'Eines Abends befand sich ein Mann auf dem Heimweg zwischen Roundstone und Ballyconneely. Es dunkelte gerade, da hörte er plötzlich auf der Straße hinter sich das Hufgetrappel eines galoppierenden Pferdes. Als er sich umschaute, sah er, wie der Dullahan auf seinem Roß auf ihn zupreschte. Mit einem lauten Schrei wollte er davonrennen, doch die Gestalt jagte hinter ihm her und kam immer näher. Ja, sie hätte ihn sicher eingeholt und davongetragen, wenn nicht aus den Falten seines Hemdes eine Nadel mit einem goldenen Kopf hinter ihm auf die Straße gefallen wäre. Über ihm in der Luft erhob sich ein Gebrüll, und als er wieder hinsah, war der Dullahan verschwunden.'

Weniger bekannte Elfen

Der Buttergeist

Buttergeister zeigen sich gewöhnlich in Gestalt alter, grün gekleideter Männlein, die wenig mehr als ein oder zwei Fuß messen. Man findet sie in ganz Irland, vor allem aber in den Grafschaften Sligo und Monaghan. Sie sind entfernte Verwandte der Leprechauns, jedoch um einiges durchtriebener und diebischer. Sie stehlen alles, was nicht niet- und nagelfest ist, und nehmen Lebensmittel an sich, die nicht mit dem Zeichen des Kreuzes versehen sind. Besonders gern naschen sie frische Butter und schöpfen den Rahm von der Milch, bevor sie geknetet wird. So bleibt nur ein dünner Schaum zurück, der keine Butter hergibt. Einigen Quellen zufolge stehlen sie niemals 'vom Tisch des armen Mannes', sondern nur von den Reichen. Nachts sieht man sie mit Laternen, die ihnen den Weg erhellen, und mit Enterhaken, mit deren Hilfe sie an schwer zugängliche Stellen oder auf hohe Regale klettern, stets auf der Suche nach etwas Entwendbarem. Diese Elfen sind auch in England bekannt; ihre bevorzugten Aufenthaltsorte dort sind wohlhabende Abteien, deren Mönche genußsüchtig und träge geworden sind – aus diesem Grunde werden die englischen Abarten bisweilen Abbey Lubbers (Klosterkobolde) genannt.

Skeaghshee oder Oakshee

Die Skeaghshee sind vor allem Baumgeister, denen die Obhut über einen besonderen Schößling anvertraut ist – skeagh bezieht sich auf einen einzeln stehenden Baum, shee oder sidhe bedeutet Fee. In ganz Irland gilt es weithin als tabu, einen 'Feenbaum' zu fällen, und es kommt den Skeaghshee zu, dafür zu sorgen, daß diejenigen, die so unklug sind, es dennoch zu tun, ihre gerechte Strafe erleiden. Skeaghshee finden sich überall, wo einsame Bäume oder Sträucher stehen. Ihre Macht ist unbegrenzt, über jeden, der gegen den Feenbaum unter ihrem Schutz frevelt, können sie Krankheit, Wahnsinn, Armut oder sonst ein Unglück verhängen, und wenn es den Skeaghshee gefällt, bringen sie auch der Familie des Betreffenden Unheil. Ganz gewiß sind es keine Geister, mit denen sich spaßen läßt. Bevor man sich also an der Landschaft vergreift, sollte man nachprüfen, ob einem nicht ein Feenbaum im Weg ist.

Der Far Darrig

Der Far oder Fir Darrig, der, obwohl auch andernorts erwähnt, Donegal eigentümlich ist, läßt sich als Charakter nur schwer definieren. Nirgendwo ist eine genaue Beschreibung von ihm überliefert, und sein Name 'Roter Mann' erlaubt keinen wirklichen Aufschluß über sein Aussehen. Selbst seine Körpergröße ist umstritten – einige Autoritäten stufen ihn als 'kleine Person in rotem Mantel' ein, wohingegen andere ihn als grauen Riesen schildern. Er ist ein Possenreißer und spielt arglosen Sterblichen mutwillige und mitunter grausame Streiche. Davon abgesehen, steht er in kalten Nächten oft auf der Türschwelle, fordert Einlaß und einen Platz am Kamin. Es wäre unklug, ihn abzuweisen, denn wenn er weggejagt wird, nimmt er den 'Haussegen' mit. Der Far Darrig ist nicht für seine persönliche Reinlichkeit bekannt, und viele Hausbesitzer müssen sich noch lange Tage nach seinem Weggang mit einem ziemlich unangenehmen Geruch abfinden.

Die Watershee

Von allen Elfen ist die Watershee womöglich eine der tückischsten. Diese Elfe, meist weiblichen Geschlechts, findet sich in vielen Sumpfgebieten wie dem Bog of Allen und entspricht am ehesten unserer stilisierten Vorstellung von einer Fee – klein, zierlich, mit hauchdünnen Flügeln. Dann wieder tritt sie als schönes Weib auf. Doch ihre äußere Erscheinung kann trügen, denn sie ist ein äußerst todbringender Geist. Wie die Sheerie lockt sie Wanderer mit ihrem unschuldigen Aussehen oder mit süßem Gesang in Moore und Seen. Sie ertränkt sie dort und verzehrt, so heißt es, ihre Seele. Nur wer ein Kreuz oder sonst ein heiliges Amulett trägt oder ein Gebet spricht, ist gegen ihre dunklen und bösen Absichten gefeit.